PROMESA DE PROTECCIÓN PARA SU VIDA

El Poder del Salmo 91

GLORIA COPELAND

JESÚS ES EL SEÑOR

PUBLICACIONES KENNETH COPELAND

Promesa de protección para su vida
El poder del Salmo 91
Your Promise of Protection
The Power of the 91st Psalm

ISBN 978-1-57562-899-8 30-0546S

26 25 24 23 22 21 8 7 6 5 4 3

Traducido y editado por KCM Guatemala

Kenneth Copeland Publications
Fort Worth, TX 76192-0001

Para obtener más información acerca de los Ministerios Kenneth Copeland, visite www.kcm.org o llame al 1-800-600-7395 (sólo en EE.UU.) o al +1-817-852-6000.

ÍNDICE

SALMO 91
Versión *Reina Valera 1960*

1 El que habita al abrigo del Altísimo morará bajo
la sombra del Omnipotente.
2 Diré yo a Jehová: Esperanza mía, y castillo mío;
mi Dios, en quien confiaré.
3 Él te librará del lazo del cazador, de la peste
destructora.
4 Con sus plumas te cubrirá, y debajo de sus alas
estarás seguro; escudo y adarga es su verdad.
5 No temerás el terror nocturno, ni saeta que vuele
de día;
6 ni pestilencia que ande en oscuridad, ni mortan-
dad que en medio del día destruya.
7 Caerán a tu lado mil, y diez mil a tu diestra; mas
a ti no llegará.
8 Ciertamente con tus ojos mirarás y verás la rec-
ompensa de los impíos.
9 Porque has puesto a Jehová, que es mi esperanza,
al Altísimo por tu habitación;

10 no te sobrevendrá mal, ni plaga tocará tu
morada.
11 Pues a sus ángeles mandará acerca de ti, que te
guarden en todos tus caminos.
12 En las manos te llevarán, para que tu pie no tro-
piece en piedra.
13 Sobre el león y el áspid pisarás; hollarás al ca-
chorro del león y al dragón.
14 Por cuanto en mí ha puesto su amor, yo también
lo libraré; le pondré en alto, por cuanto ha conocido
mi nombre.
15 Me invocará, y yo le responderé; con él estaré yo
en la angustia; lo libraré y le glorificaré.
16 Lo saciaré de larga vida, y le mostraré mi
salvación.

SALMO 91

Versión de *Amplified Bible, Classic Edition*

1 El que mora en el lugar secreto del Altísimo
permanecerá estable y seguro bajo la sombra del
Todopoderoso [cuyo poder ningún enemigo puede
soportar].

2 Dirán del Señor: Él es nuestro refugio y nues-
tra fortaleza, nuestro Dios, en quien nos apoyamos,
de quien dependemos, y en quien ¡(ciegamente)
confiamos!

3 Él [entonces] los librará del lazo del cazador y de
la pestilencia mortal.

4 Luego] Él los cubrirá con sus plumas y estando
bajo Sus alas podrán confiar y encontrar refugio; Su
verdad y fidelidad son escudo y adarga. [Y en aquel
momento].

5 No temerán del terror nocturno, ni de la saeta
[los conjuros y calumnias del malvado] que vuele de
día,

6 ni pestilencia que aceche en la oscuridad, ni de

la destrucción y muerte repentinas que sorprendan y
arrasen a plena luz del día.

7 [Luego], puede que mil caigan a su lado y diez
mil a su mano derecha, pero a ustedes no llegarán.

8 Ustedes serán simplemente espectadores [ya que
en el lugar secreto del Altísimo serán inalcanzables];
cuando sean testigos de la recompensa de los malos.

9 Por haber hecho al Señor su refugio, y al Altísimo su lugar de habitación,

10 no les acontecerá ningún mal, ni ninguna plaga
o calamidad se acercará a su morada.

11 Porque Él les asignará a Sus ángeles como encargo [especial] su vida, para acompañarlos y defenderlos y preservarlos en todos sus caminos [de obediencia y servicio].

12 Ellos los sostendrán en las manos, para que no
tropiecen en piedra.

13 Pisarán al león y a la víbora, al cachorro del león
y a la serpiente pisotearán bajo sus pies.

14 Porque han puesto su amor en Mí, Yo los libraré; los exaltaré, porque conocen Mi nombre y su

significado [tienen un conocimiento personal de Mi misericordia, amor y bondad; confían y dependen de Mí, sabiendo que nunca los abandonaré, jamás].

15 Ellos clamarán a Mí, y Yo les responderé; estaré con ellos para ayudarles con sus problemas, los libraré y los honraré.

16 Los satisfaré con larga vida y les mostraré Mi salvación.

CAPÍTULO 1

¿QUÉ HAREMOS?

«Dijo, pues, Dios a Noé:...Hazte un arca....»

(Génesis 6:13-14)

Con toda la violencia y calamidad que pesa sobre nuestras vidas en estos días, ésa es una pregunta que a menudo escuchamos. ¿Qué haremos respecto al crimen en las calles? ¿Qué haremos con la crisis económica? ¿Qué haremos para solucionar los problemas a nivel internacional?

Le diré qué nos conviene hacer: aprender una lección de la vida de Noé. Lea la descripción bíblica de la Tierra en los días de este hombre en Génesis 6, y comprenderá por qué digo esto.

> La tierra era corrupta y putrefacta delante de Dios, y estaba llena de

> violencia [profanación, infracción, indignación, agresión y hambre de poder]. Y miró Dios el mundo, y lo degenerado, degradado y despiadado que estaba; porque toda la humanidad había corrompido su camino sobre la tierra y había perdido la dirección correcta (versículos 11-12; *AMPC).*

Casi en su totalidad, dicho pasaje suena como una descripción del mundo actual, ¿no le parece?

¿Qué le dijo Dios a Noé respecto a tan desesperante situación? Él le ordenó: «Hazte un arca». Ésta le serviría a Noé para escapar de la destrucción que se acercaba; y para que estuviera a salvo mientras todo lo que le rodeaba perecía.

EMPIECE A CONSTRUIR

Creo que Dios nos está ordenando hoy lo mismo que le indicó a Noé: «Hazte un arca».

Y no se refiere a un arca de madera, sino a una cuyo material de construcción sea la Palabra de Dios misma.

¿Comprende usted que lo que sabe de la Biblia puede salvarle la vida? Así es. Si edifica dentro de su corazón y de su vida las promesas de protección y liberación divinas, podrá vivir con seguridad, aun en medio de una generación desenfrenada y peligrosa. No habrá razón para temerle a lo que ocurra a su alrededor, pues, hasta en los momentos más difíciles, Dios ha probado que Él cuenta con la maravillosa habilidad de librar a Su pueblo del peligro.

Note que dije *Su pueblo.* Hoy en día, como en la época de Noé, existen dos grupos de personas sobre la Tierra: el pueblo de Dios y el resto del mundo. Existe la familia de Satanás y la familia de Dios.

Dios ya proveyó el regalo de la salvación para toda la humanidad; por tanto, quienes no pertenecen a la familia de Dios pueden optar por cambiarse de grupo en cualquier momento si deciden aceptar a Jesús como Salvador: «Porque de tal manera amó Dios al mundo, que ha dado a su Hijo unigénito, para que todo aquel que en él cree, no se pierda, mas tenga vida eterna» (Juan 3:16). Sin embargo, de no hacerlo, dicho grupo no podrá disfrutar de los beneficios del pueblo de Dios.

La vida de ambos grupos es considerablemente distinta. Es posible que residan en la misma ciudad, o incluso que pertenezcan a la misma familia; no obstante, uno contará con un pacto divino y el otro no. Uno de los grupos vivirá en seguridad, mientras que el otro deberá sufrir en carne propia los peligros circundantes.

«Decid al justo que le irá bien...»; pero «¡Ay del impío! Mal le irá...» (Isaías 3:10-11). Quizá escuche profetizar a alguien acerca de cuánto empeorará la situación en la Tierra, y después alguien más profetice respecto al poder y las bendiciones que el futuro nos depara. En realidad, ambas profecías pueden ser ciertas, con la única diferencia de que la primera se refiere a la gente de este mundo; y la segunda, al pueblo de Dios.

Noé nos brinda un ejemplo maravilloso de cuán capaz es Dios de proteger a Su pueblo en medio de una civilización corrupta y decadente. Pues todo el mundo alrededor suyo murió ahogado, pero los ocho miembros de su familia permanecieron por completo a salvo.

Algunas personas argumentan: "¡Ah sí!, sé que soy salva por la eternidad; soy nacida de nuevo e iré al cielo cuando muera".

Sin embargo, no me estoy refiriendo únicamente a tener la seguridad de ir al cielo, sino también Me refiero a la garantía disponible de un bienestar físico, financiero y todo tipo de protección que usted necesite para gozar de una vida triunfante en este planeta.

¡COLMADOS DE BENEFICIOS!

Como puede apreciar, la salvación incluye más que la seguridad de que se irá al cielo en un tierno suspiro. Ése es sólo el principio. Pues *salvación,* es un término que significa mucho más. En el idioma griego, literalmente implica: liberación, preservación, liberación material y temporal de un peligro y la seguridad de ésta, perdón, restauración, sanidad, plenitud y bienestar.

Si se me permitiera elegir una sola palabra entre las anteriores, yo diría que la *salvación* es gozar de bienestar en todas las áreas de la vida. Allí se encuentra incluida la sanidad de su cuerpo, la paz mental, un espíritu justificado, protección física y espiritual, y prosperidad y bendición financieras.

Disfruto lo que se nos enseña en Salmos 68:19-20: "Bendito sea el Señor, quien lleva nuestras cargas y día a día nos sostiene. ¡Es el Dios de nuestra salvación!... Para nosotros Él es un Dios de liberaciones y salvación; y a Dios, el Señor, corresponde librarnos de la muerte [hacernos libres] "*(AMPC)*.

Esta misma escritura en la versión Reina Valera aparece de esta manera: «Bendito el Señor; cada día nos colma de beneficios el Dios de nuestra salvación...». Medite al respecto. Cada día Dios nos colma de los beneficios de la salvación: perdón, sanidad, seguridad, protección, prosperidad, y además; ¡nos libra del peligro!

NO ES AUTOMÁTICO

Quizá en este momento se pregunte: "¿Por qué no he estado experimentando seguridad y protección, y sanidad y liberación; si todas estas cosas son parte de mi salvación?"

Pues, se debe a que estos beneficios no llegan de forma automática. Se manifiestan en nuestra vida solamente cuando empezamos a confiar en Dios por cada una de estas bendiciones de manera específica.

Déjeme explicarle a qué me refiero. ¿Recuerda el momento en que nació de nuevo? Usted descubrió que en la Palabra de Dios se le prometía que si se arrepentía y confesaba a Jesús como el Señor de su vida, sería perdonado de sus pecados y trasladado del reino de las tinieblas al reino del amado Hijo de Dios (Colosenses 1:13). Entonces usted creyó, obedeció, aceptó a Jesús como su Salvador; y de inmediato, con toda certeza, fue salvo. No obstante, aquella experiencia no lo sanó de la gripe, ¿verdad?

No, antes de que pudiera ser sanado de la gripe, debía también escuchar la Palabra de Dios concerniente a la sanidad. Necesitaba aprender que Jesús llevó sus enfermedades y cargó con sus dolencias, y que era necesario creer y confiar en Dios para recibir una sanidad específica; y finalmente, mantenerse en fe hasta ver su manifestación. De otra manera, usted no hubiera podido gozar de salud divina.

Lo mismo se aplica en cualquier otra área de la vida. Hasta que usted sepa lo que nos pertenece mediante la sangre de Jesús, será imposible que se apropie de su milagro por fe o ver cómo este se manifiesta en su vida. Por esa razón, es tan importante conocer las promesas de protección ofrecidas por Dios, ya que recibimos Sus bendiciones por medio de la fe —y la fe viene por oír la Palabra—.Y recuerde que es imposible ejercer su fe en algo que desconoce.

Si alguien le depositara un millón de dólares en una cuenta a su nombre, y no se lo notificara, usted nunca podría disfrutarlo, ¿verdad? Aunque la cuenta fuera suya, si desconociera cómo hacer los retiros respectivos, dicho fondo quedaría en el banco sin ninguna utilidad. Y ésa es la triste situación en que muchos creyentes se encuentran actualmente con respecto a los poderosos beneficios de la salvación que nos fue dada mediante Jesús, el Ungido.

CAPÍTULO 2

LLENANDO LOS REQUISITOS

"El que mora en el lugar secreto del Altísimo permanecerá estable y seguro bajo la sombra del Todopoderoso [cuyo poder ningún enemigo puede soportar]."

(Salmos 91:1, *AMPC)*

Una vez que comprenda mediante la Palabra de Dios que la protección divina le pertenece, también le será necesario aprender cuáles son las condiciones que se deben cumplir con el fin de activar esa protección a favor suyo. En la Palabra de Dios se nos explica claramente.

Al principio del Salmo 91, puede encontrar el primer requisito para recibir protección: «El que habita al abrigo del Altísimo morará bajo la sombra del Omnipotente».

Si ha de disfrutar de la protección de Dios, usted deberá habitar en Él. *Habitar* significa *morar dentro de.* Es una palabra que no implica una situación temporal, sino un lugar de morada permanente —el lugar que se convierte en su hogar—. No indica ir y venir, salir y entrar; sino permanecer bajo la sombra de Dios.

¿Qué se requiere para ser un morador o habitante? Una sola condición: poner la Palabra de Dios dentro de su corazón. En Juan 15:7, Jesús aseguró: "Si viven en Mí [habitan unidos a Mí en forma vital] y Mis palabras permanecen en ustedes y se mantienen activas dentro de su corazón, pidan lo que deseen y les será hecho" *(AMPC).*

La verdad que se mantiene viva dentro de usted es la que practica día a día. Esta verdad no será el producto de la lectura rápida de una escritura, o de gritar ¡aleluya!, etc. Por el contrario, será el resultado de conocer tanto la Palabra que en el momento de una crisis, ésta venga a su mente de forma automática. La verdad cobra vida dentro de su ser cuando toma tiempo para considerarla, meditarla y aplicarla a su vida; de este modo, en el momento de peligro, lo primero que vendrá a su mente será la Palabra de Dios.

Habitar bajo la sombra del Omnipotente es el fruto de invertir un tiempo considerable estudiando la Palabra de Dios y permaneciendo en Su presencia. Es dejar que la verdad de la Palabra gobierne nuestras acciones sin que debamos pensarlo dos veces. Si usted quiere ser alguien que habite en ese lugar, no puede darse el lujo de sumergirse en la Palabra durante un tiempo y luego abandonarla. Deberá ser disciplinado y permanecer en la Palabra día tras día —tras día—. Haga suyo el Salmo 91 a diario hasta que se injerte en su corazón.

Recuerde: *La palabra que usted practique hoy, será la que lo librará.* No es la que escuchó el año pasado, ni siquiera la que guarda en su memoria, sino la que usted pone en práctica. Por tanto, manténgase lleno de la Palabra de

Dios para poder cumplirla.

Si ello le suena como una orden demasiado difícil de cumplir, déjeme asegurarle que por cada minuto que invierta en la Palabra de Dios, usted recibirá un ciento por uno de recompensa en su salud, fe y liberación. Usted nunca lamentará un solo segundo invertido en la Palabra de Dios.

LA DESOBEDIENCIA ES PELIGROSA

Habitar también puede definirse como *una sencilla obediencia.* En 1 Juan 3:6 leemos: «Todo aquel que permanece en él, no peca...». Lo contrario también es verdadero, aquel que peca (o es desobediente) no permanece o habita en Él.

Si usted observa el primer capítulo de Proverbios, notará qué tan peligrosa puede resultar la desobediencia. Además, comprenderá por qué cuando la mayoría de gente necesita protección sobrenatural, no cuenta con ella.

En los siguientes versículos, Dios dice:

Si se vuelven (se arrepienten) y prestan atención a mi reprensión, he aquí, Yo [la Sabiduría], derramaré mi espíritu sobre ustedes, y les haré saber mis palabras. Porque los he llamado y han rehusado [responder], he extendido mi mano y ninguno ha prestado atención, antes bien, ustedes han tratado mi consejo como si fuera nada, y no han aceptado ninguna de mis reprensiones; por tanto, yo también me reiré de su calamidad; me burlaré cuando venga lo que les cause terror y pánico. Clamarán a mí [la Sabiduría], pero no les responderé; me buscarán con diligencia y al amanecer, pero no me encontrarán. Por cuanto aborrecieron el conocimiento, y no optaron por el temor reverente y de adoración del Señor... Entonces aquel que me escuche a Mí [la Sabiduría], morará seguro y con absoluta

> confianza; y vivirá tranquilo sin miedo ni temor del mal. (Proverbios 1:23-26, 28-29; 33, *AMPC).*

Gracias a Dios, vivimos en un tiempo de gracia y misericordia, y nunca es demasiado tarde para clamarle al Señor. Sin embargo, si usted no ha permanecido en la Palabra (la sabiduría que Dios nos ha revelado), le será difícil clamar en fe a Él cuando llegue la calamidad. Si día tras día ha vivido apegado a los métodos del mundo, no le será nada fácil apartar su confianza de éste para ponerla en Dios cuando llegue un momento de crisis.

Entonces ¡empiece a habitar en la Palabra de Dios! ¡Ahora mismo! Pues de no hacerlo, con el tiempo, eso le costará más de lo que usted quiera pagar.

"Por cuanto aborrecieron el conocimiento, y no optaron por el temor reverente y de adoración del Señor, no tomando nada de mi consejo, y despreciando toda mi reprensión, comerán el fruto de sus propios caminos y serán hastiados de sus propios consejos" (Proverbios 1:29, 31, *AMPC)*.

En otras palabras, si elige un estilo de vida mundano, su fruto no será diferente. "Entonces aquel que me escuche a Mí [la Sabiduría], morará seguro y con absoluta confianza; y vivirá tranquilo sin miedo ni temor del mal" (Proverbios 1:33; *AMPC)*. *Ésta* es, pues, la clase de protección sobrenatural prometida para quienes deciden habitar en la Palabra de Dios.

CAPÍTULO 3

¡DIGA ALGO!

"Dirán del Señor: Él es nuestro refugio y nuestra fortaleza, nuestro Dios, en quien nos apoyamos, de quien dependemos, y en quien ¡(ciegamente) confiamos!"

(Salmos 91:2, *AMPC)*

¡Dirán! Existe otro elemento importante referente a las personas que viven bajo la sombra protectora del Omnipotente: *hablan en fe.* Estas personas, refiriéndose al Señor, dicen: "...Él es nuestro refugio y nuestra fortaleza, nuestro Dios, en quien nos apoyamos, de quien dependemos, y en quien *¡(ciegamente)* confiamos!".

En otras palabras, ellas hacen más que sólo confiar de corazón en Dios, también ¡lo dicen con sus labios! Y eso es exactamente lo que usted deberá hacer. Observe que la fe traslada el poder sobrenatural de Dios hacia este mundo natural;

y la fe es puesta en curso, en este mundo natural, mediante las palabras. Por consiguiente, usted necesitará declarar: *¡Dios es mi refugio. Él es mi fortaleza. Confío en Él!*

No es posible hacer un recuento de todas las veces que he pronunciado aquellas palabras. He meditado y citado con frecuencia el Salmo 91; y en cualquier momento de peligro eso surge de mi interior. Cuando estoy en problemas, no confieso: "Me muero de miedo". En vez de ello, con mi boca declaro: «El Señor es mi refugio y mi libertador».

Propóngase ahora mismo alinear la confesión de sus labios con lo que está escrito en la Palabra de Dios. ¿Sabe qué ocurrirá si lo hace? Podrá dormir por las noches. No se irá a la cama preocupado o con miedo. En lugar de eso, confiará en Dios con cada célula de su ser; y sin importar la circunstancia que esté atravesando, podrá acomodarse entre las cobijas y descansar, pues en la Biblia leemos que Dios le da el sueño a Su amado (Salmos 127:2).

Hace años, Ken y yo pasamos la noche en un kibutz israelí, el cual se encontraba muy cerca de la frontera en la que las incursiones enemigas eran comunes —y a menudo dejaban saldos mortales—. Debido a ello, los pensamientos de que podríamos estar corriendo peligro me invadieron.

¿Qué hice en ese momento? Dije refiriéndome al Señor: «Él es mi refugio y mi fortaleza. Le confío a Él mi vida». Luego me di la vuelta en la cama y me quedé dormida. De la misma manera, usted puede hacerlo. Medite en este versículo, repítalo y luego váyase a dormir sin importar el lugar o situación en que se encuentre. ¡Por fe, podrá irse a dormir!

CAPÍTULO 4

EL LAZO DEL CAZADOR

"Él [entonces] los librará del lazo del cazador y de la pestilencia mortal. [Luego] Él los cubrirá con sus plumas y estando bajo Sus alas podrán confiar y encontrar refugio; Su verdad y fidelidad son escudo y adarga."

(Salmos 91:3-4, *AMPC)*

Cuando usted lo confiesa hasta experimentar esa clase de paz en su interior, entonces puede estar seguro de que cuenta con la protección sobrenatural en su exterior. Puede tener la certeza de que Dios lo "librará del lazo del cazador y de la pestilencia mortal" (Salmos 91:3; *AMPC).*

¿Cuál es el lazo del cazador? Se refiere a las trampas del diablo para causarle daño. (Un amigo nuestro dice que el diablo es el cazador porque siempre ¡llega y trata de arruinarlo todo!). Y, en cuanto a la *pestilencia,* la versión *Amplified Bible, Classic Edition* la define como: ...plaga; "enfermedades epidémicas malignas y contagiosas o infecciosas que son mortales y devastadoras" (Lucas 21:11, *AMPC).* ¿Acaso esa descripción no encaja con el SIDA o el cáncer?

Me gusta el Salmo 91 porque siempre está actualizado. No importa con qué clase de "nuevas" amenazas el diablo se aparezca, este Salmo promete librarnos de ellas. Ya sea que se trate de enfermedades epidémicas, armas nucleares, guerras químicas...; lea detenidamente el Salmo 91 y verá que cada una de ellas ha sido incluida.

CAPÍTULO 5

RODEADOS DE PELIGRO

"No temerán del terror nocturno, ni de la saeta [los conjuros y calumnias del malvado] que vuele de día, ni pestilencia que aceche en la oscuridad, ni de la destrucción y muerte repentinas que sorprendan y arrasen a plena luz del día. [Luego] puede que mil caigan a su lado y diez mil a su mano derecha, pero a ustedes no llegarán. Ustedes serán simplemente espectadores [ya que en el lugar secreto del Altísimo serán inalcanzables]; cuando sean testigos de la recompensa de los malos."

(Salmos 91:5-8, *AMPC)*

Vivimos en un siglo cuyas armas son capaces de asesinar de un solo golpe a, literalmente, miles de personas. Las armas químicas o la guerra nuclear cuentan con el potencial para destruir ciudades enteras. Sin embargo, sin importar la magnitud del desastre, Dios ha prometido que podemos ¡permanecer firmes en medio de tal situación sin sufrir daño alguno!

Note que dije *¡en medio!* Claro está que cuando Dios dice que caerán mil a nuestro lado, no se está refiriendo a una escena que toma lugar en el cielo. Se refiere a un lugar aquí en la Tierra donde usted ve que cosas desastrosas les ocurre a los malvados que le rodean; pero usted tiene protección total. Pues, a usted lo cubre un escudo invisible, ya que reside en ese lugar secreto que el mundo desconoce; y mientras habite en ese lugar, no importa lo terrible que parezca su situación, podrá atravesarla y estar completamente a salvo. (Lea Salmos 5:11-12; Salmos 27:5, y ¡llene su boca con estas promesas!).

Kenneth y yo tenemos un amigo que experimentó este tipo de protección que sobrepasa toda duda. Hace años, se apropió del Salmo 91 en una de las batallas libradas en Vietnam, desglosando ese pasaje, versículo por versículo y aplicándolo a su situación particular.

Para él, *las saetas que vuelan de día,* mencionadas en el versículo 5, eran el equivalente a la artillería del enemigo. Por eso, expresaba lo siguiente: «No tendré temor del terror nocturno ni de las municiones que utilice el enemigo». Además, la pestilencia que acecha en la oscuridad y la destrucción y la muerte repentina que sorprende y arrasa a plena luz, describían a la guerrilla comunista vietnamita y a sus trampas.

Y cuando este hombre leía que mil podían caer a su izquierda, y diez mil a su derecha, más a él no llegarían; él sabía que estaba protegido aun en pleno combate. Por tal razón, se ponía de acuerdo con esa promesa y confesaba: «Yo sólo soy observador de los acontecimientos, no seré víctima de ellos».

Este soldado salió ileso de esa guerra. Él había estado en medio de una dura pelea, en algunos de los sitios más peligrosos de Vietnam, y aún así, creyó que Dios lo protegería y salió sin recibir ningún daño.

¿Cómo pudo ocurrir algo así? Lea de nuevo el Salmo 91:4, *AMPC:* "Él los cubrirá con sus plumas y estando bajo Sus alas podrán confiar y encontrar refugio; Su verdad y fidelidad son escudo y adarga".

Nuestro amigo fue escondido de la vista de sus enemigos. Dios lo resguardó de la misma forma en que una madre águila cubre a sus bebés extendiendo sus alas sobre ellos. El diablo no pudo llegar a él porque la verdad de Dios y su fidelidad eran un escudo y una adarga que mantuvo al enemigo a distancia.

CAPÍTULO 6

¡NO OLVIDE CUMPLIR CON SU PARTE!

"Por haber hecho al Señor su refugio, y al Altísimo su lugar de habitación, no les acontecerá ningún mal, ni ninguna plaga o calamidad se acercará a su morada."

(Salmos 91:9-10, *AMPC)*

Sin duda, ya en este momento usted debe estar emocionado respecto a la protección divina. Pero antes de continuar, deseo recordarle una vez más que recibir la protección es condicional. Usted debe saber qué se dice en la Palabra de Dios, antes de que ese escudo y adarga puedan ser efectivos a su favor. Debe escuchar la Palabra de Dios y recibirla al declarar: Es mía.

¡La liberación divina me pertenece!

Vuelva a leer la primera parte del versículo 9: "Por haber hecho al Señor su refugio, y al Altísimo su lugar de habitación...". En mi Biblia, tracé un círculo alrededor de esa primera frase, ya que ésta indica cómo colocarse en ese lugar secreto. Le explica que por haber hecho al Señor su refugio al obedecer los versículos 1 y 2, usted puede contar con que Él cumplirá con Su parte y rescatará su vida del peligro. Note que el versículo 3 en la versión *Amplified Bible, Classic Edition* empieza así: "Él [entonces] los librará...".

Cuando piense en el Salmo 91, recuerde: los primeros dos versículos nos señalan lo que hemos de cumplir nosotros (lo que hacemos y decimos) y los versículos del 3 al 15 son la respuesta de Dios y Su compromiso hacia nosotros. Cuando cumplimos la parte que nos corresponde, —diciendo y confiando—, Dios cumple Su promesa nos libra y nos preserva.

CAPÍTULO 7

¡ÁNGELES A SU SERVICIO!

"Porque Él les asignará a Sus ángeles como encargo [especial] su vida, para acompañarlos y defenderlos y preservarlos en todos sus caminos [de obediencia y servicio]. Ellos los sostendrán en las manos, para que no tropiecen en piedra."

(Salmos 91:11-12, *AMPC)*

Una de las formas en que Dios lleva a cabo Su liberación, es por medio de los ángeles. Usted, literalmente, tiene ángeles a su servicio. ¿Lo sabía? En la Biblia se enseña que estos mensajeros son enviados para servir y mantener a salvo su vida, cuando cumple la voluntad de Dios. En Hebreos 1:14, *AMPC,* leemos: "¿No son (los ángeles) todos espíritus ministradores (servidores), enviados para servicio [de parte de Dios para ayudar] a favor de los que serán herederos de la salvación?".

El ángel de Jehová acampa alrededor de aquellos que le temen, con el propósito de librarlos (Salmo 34). Los ángeles que le han sido asignados establecen su campamento dondequiera que usted se encuentre. Cuando usted se mueve, ellos también lo hacen. Cuando va a la ciudad, ellos también. Cuando se encamina a la tienda de abarrotes, ellos lo siguen. Cuando usted es enviado a la guerra, ellos van al campo de batalla con usted.

En 2 Reyes 6, puede encontrar una ilustración de cómo trabajan los ángeles. Eliseo, el profeta de Dios, había recibido información confidencial de parte de Dios sobre la estrategia de las naciones enemigas. Él le había hecho saber al rey de Israel dichos datos para que a los israelitas nunca los sorprendieran desprevenidos en sus maniobras militares.

Cuando el rey enemigo se enteró de que Israel recibía información, sospechó que había un espía en su campamento.

El rey preguntó: "¿Quién le dice al rey de Israel nuestros secretos militares?

Veamos la respuesta de su siervo: «No, rey señor mío, sino que el profeta Eliseo está en Israel, el cual declara al rey de Israel las palabras que tú hablas en tu cámara más secreta» (2 Reyes 6:12).

Entonces el rey enemigo y todo su ejército se dedicaron a la búsqueda de un solo hombre. Rodearon la ciudad donde Eliseo moraba y «...se levantó de mañana y salió el que servía al varón de Dios, y he aquí el ejército que tenía sitiada la ciudad, con gente de a caballo y carros...» (versículo 15).

El siervo de Eliseo se llenó de pánico. Tener a todo un ejército en contra de estos dos únicos hombres, parecían muy malas noticias. "¿Qué haremos señor mío?", clamó afligido, Giezi.

«No tengas miedo porque más son los que están con nosotros que los que están con ellos» (versículo 16).

¿No cree usted que aquel siervo sabía contar? "¡Uno, dos! Nosotros sólo somos dos, y hay miles de ellos; mi amo debe estar perdiendo la razón". Sin embargo, Eliseo no veía el reino natural, sino el espiritual.

Entonces oró: "Señor, ábrele los ojos para que vea". Note que no dijo: "Señor, protégeme." Él no necesitaba pedir protección, pues sabía que ya la poseía.

«...Entonces Jehová abrió los ojos del criado, y miró; y he aquí el monte estaba lleno de gente de a caballo, y de carros de fuego alrededor de Eliseo» (versículo 17). ¡El monte estaba lleno de un ejército que protegía a Eliseo! Dios había enviado batallones de ángeles para protegerlo. Estoy segura que hasta llegaron ángeles adicionales antes de que el ejército enemigo se acercara al lugar. Digo "adicionales" porque tenemos ángeles que nos rodean todo el tiempo; pero además, estos ángeles designados cuentan con refuerzos que pueden aparecer de inmediato.

¡NO TENGA MIEDO!

Antes de terminar de estudiar esta historia, deseo que le preste atención especial a la respuesta que Eliseo le dio a su afligido siervo en el versículo 16: «No tengas miedo». Ésas fueron las primeras palabras que el profeta pronunció.

¿Qué es lo primero que usted debe hacer cuando enfrenta problemas? *No tener miedo.* Si teme, le abrirá la puerta al diablo; en cambio, si confía en Dios, le abrirá la puerta al Señor.

Una y otra vez, en la Biblia, encontramos que Dios nos exhorta a rechazar el temor. Salmos 91:5 comienza con la frase: «No temerás...». Como podemos ver, cuando los ángeles se les aparecían a las personas, lo primero que salía de sus labios, por lo general, era: "No temas". Esto se debe a que el temor y la fe no son compatibles o combinables. De su vida no pueden surgir, al mismo tiempo, el temor y la fe.

Cuando empieza a hablar en desacuerdo con la Palabra de Dios, diciendo palabras de temor, en vez de fe; usted ata las manos de sus ángeles. Usted los priva de hacer el trabajo que les ha sido asignado. En Salmos 103:20-21 se nos explica la razón: «Bendecid a Jehová, vosotros sus ángeles, poderosos en fortaleza, que ejecutáis su palabra, obedeciendo a la voz de su precepto. Bendecid a Jehová, vosotros todos sus ejércitos, ministros suyos, que hacéis su voluntad».

Los ángeles *obedecen* la voz de la Palabra de Dios. ¡Ellos responden ante a la Palabra! Por tanto, cuando con su corazón lleno de fe, su boca pronuncia: "Mil caerán a mi izquierda, y diez mil a mi derecha más a mí no llegarán"; ellos ponen esa Palabra en acción, protegiendo así su vida.

Pero si su corazón se llena de miedo y pronuncia palabras de incredulidad, sus ángeles solamente pueden permanecer a su lado sin poder ayudarle. No es que lo hayan abandonado, sino que no tienen las palabras correctas para venir en su ayuda.

Jamás subestime el poder de sus palabras. En las Escrituras se nos enseña que Dios habla de cosas que todavía no existen como si existieran (Romanos 4:17). Ésa es la manera en que Él crea las cosas, Él les ordena que existan.

Consciente o inconscientemente, usted hace lo mismo. Cuando pronuncia palabras de fe, según la Palabra de Dios, usted abre la puerta para la protección y bendición de Dios. Cuando dice palabras de miedo, que son contrarias a la Biblia; usted le está abriendo la puerta al diablo para que destruya su vida.

Sé que vivimos tiempos peligrosos. Casi a diario, en las noticias escuchamos que personas inocentes —que estaban de pie en una esquina, o sentadas a la mesa de un restaurante— fueron acribilladas a balazos. (Las saetas no hacen tanto daño en estos días, ¡pero las balas son mortales!). Sin embargo, cuando la Palabra de Dios reside en su interior, no deberá preocuparse por lo inesperado. A Dios nada le toma por sorpresa.

Por tanto, aleje el temor de su vida. Repréndalo y échelo fuera. Háblele como si se estuviera dirigiendo a una víbora. Dígale: "Temor, en el nombre de Jesús, te ordeno que te vayas!". Después póngalo bajo la planta de sus pies. Pisotéelo hasta sacarlo de su vida. Si vuelve a levantar la cabeza, libérese tan rápido de él como si se tratara de una serpiente de cascabel.

Afirme su corazón en la Palabra de Dios y deje que su boca se llene de fe. Mantenga a sus ángeles en acción, ya que nunca se sabe cuándo necesitará de ellos.

LIBRADOS DEL FUEGO

Uno de los ejemplos bíblicos más emocionantes del liberador poder angelical de Dios, se encuentra en Daniel 3. Vemos allí a tres miembros del pueblo de Dios que se encontraban en grandes problemas con el gobierno. El rey del imperio babilónico había erigido una imagen y declarado: «Y el que no se postre y adore (a la imagen), sea echado dentro de un horno de fuego ardiendo» (versículo 11).

Estos tres siervos de Dios —Sadrac, Mesac y Abed-nego— formaban parte del personal del rey. Eran hebreos que habían sido llevados prisioneros, pero debido a la bendición de Dios manifestada en sus vidas, se les había confiado grandes responsabilidades que se relacionaban con Babilonia. Ellos servían a Dios y confiaban en Él; y aunque el edicto provenía del rey, se negaron a doblegarse ante aquella imagen.

Mientras leemos esta historia, le invito a fijar su atención en estos tres hombres, quienes llenaban el perfil de la persona descrita por el Salmo 91. Eran fieles a Dios, habitaban en Él y cuando se enfrentaban al peligro, en lugar de llorar y quejarse, expresaban palabras de fe.

Cuando el rey amenazó con lanzarlos al horno de fuego ardiente, debido a que se habían rehusado a doblegarse ante el ídolo creado por él; ellos le dijeron: «He aquí nuestro Dios a quien servimos puede librarnos del horno de fuego ardiendo; y de tu mano, oh rey, nos librará. Y si no, sepas, oh rey, que no serviremos a tus dioses, ni tampoco adoraremos la estatua que has levantado» (versículos 17-18).

En otras palabras, se negaron a inclinarse y a admitir el temor, pues confesaron: "¡Nuestro Dios puede librarnos!".

El rey se enfureció tanto con aquellas palabras al punto de ordenar que el horno fuera calentado siete veces más de lo habitual. El calor era tan intenso que los guardias que lanzaron a Sadrac, Mesac y Abed-nego al horno, murieron al instante: «Y estos tres varones, Sadrac, Mesac y Abed-nego, cayeron atados dentro del horno de fuego ardiendo. Entonces el rey Nabucodonosor se espantó, y se levantó apresuradamente y dijo a los de su consejo: ¿No echaron a tres varones atados dentro del fuego? Ellos respondieron al rey: Es verdad, oh rey. Y él dijo: He aquí yo veo cuatro varones sueltos, que se pasean en medio del fuego sin sufrir ningún daño; y el aspecto del cuarto es semejante a hijo de los dioses» (Daniel 3:23-25).

¿Por qué no se quemaron Sadrac, Mesac y Abed-nego? De seguro, no se debió a que el fuego no pudiera quemarlos; pues la temperatura era la indicada. De hecho, era tan intensa que mató a los hombres fuertes del ejército del rey que los habían lanzado. No tenía poder sobre los cuerpos de los siervos de Dios. De hecho, en la Biblia se nos afirma que «...ni aun el cabello de sus cabezas se había quemado; sus ropas estaban intactas, y ni siquiera olor de fuego tenían» (versículo 27).

Es más, Dios envió Su ángel para cuidarlos mientras estaban dentro del horno.

> Entonces Nabucodonosor dijo: Bendito sea el Dios de ellos, de Sadrac, Mesac

> y Abed-nego, que envió su ángel y libró a sus siervos que confiaron en él, y que no cumplieron el edicto del rey, y entregaron sus cuerpos antes que servir y adorar a otro dios que su Dios. Por lo tanto, decreto que todo pueblo, nación o lengua que dijere blasfemia contra el Dios de Sadrac, Mesac y Abed-nego, sea descuartizado, y su casa convertida en muladar; por cuanto no hay dios que pueda librar como éste (versículos 3:28-30).

¿No es éste un magnífico testimonio del poder liberador de Dios? Cuando los enemigos de Sadrac, Mesac y Abed-nego trataron de deshacerse de ellos, los tres siervos de Dios ¡fueron promovidos! El Señor era el refugio de su vida. Su confianza estaba puesta en Él; Él era su libertador y ellos nunca dejaron de confesarlo. Por el contrario, se negaron a deshonrar la Palabra o a ceder ante la intimidación del enemigo. *¡No se inclinaron ni se quemaron!*

EL LUGAR SECRETO

Siempre me ha gustado mucho la historia de Sadrac, Mesac y Abed-nego. No obstante, por años, me preguntaba cómo era posible que hubieran estado dentro de un horno, y salir sin siquiera oler a humo. Pero cierto día, mientras leía Salmos 27:1-5, descubrí la razón: «Jehová es mi luz y mi salvación; ¿de quién temeré? Jehová es la fortaleza de mi vida; ¿de quién he de atemorizarme?... Porque él me esconderá en su tabernáculo en el día del mal; me ocultará en lo reservado de su morada; sobre una roca me pondrá en alto» (versos 1, 5).

Cuando Sadrac, Mesac y Abed-nego entraron en aquel horno de fuego ardiente, la presencia de Dios reposó sobre ellos como una burbuja. Los rodeó, es decir, los cubrió. No ardieron, en otras palabras, no se chamuscaron. El poder de Dios fue su liberación, éste los ocultó en el lugar secreto.

Y aquí está lo emocionante: ese lugar secreto

no es sólo para Sadrac, Mesac y Abed-nego. No era exclusivo para las personas que vivieron hace miles de años mientras la Biblia se escribía.

¡No! Dios promete que cualquiera que habite en Él, puede morar en ese lugar secreto. Está disponible para todo el que posee la fe de expresar: «Me ocultará en lo reservado de su morada; sobre una roca me pondrá en alto». Es para quien pueda decir como los tres varones israelitas: "No tienes que preocuparte por nosotros, rey. Nuestro Dios puede librarnos; y no sólo puede, sino que también ¡lo hará!".

¿Comprende que para Dios no hay límites? Él puede hacer todo lo que se requiera para que usted esté seguro. Él puede cubrirlo con Su presencia en medio de una guerra química, nuclear o de cualquier otra cosa causada por el diablo. Él puede librarlo sin que en usted haya un solo rasguño.

Lo único que puede limitar la obra de Dios en su vida, es la incredulidad y el temor.

Por tanto, en este momento decida creer en la Palabra de Dios y confiar en Él para su seguridad y protección. Quizá diga: "Sí, hermana Gloria, para usted es fácil decirlo; después de todo, usted no vive en mi vecindario".

Es posible que la situación en su vecindario sea mala, pero no tanto como la de Sadrac, Mesac y Abed-nego. Además, nadie está tratando de echarlo a usted en un horno de fuego ardiendo, y si fuera así, Dios demostraría que ¡Él es capaz de sacarlo de allí!

CAPÍTULO 8

ENFRENTANDO A LOS LEONES

"Pisarán al león y a la víbora, al cachorro del león y a la serpiente pisotearán bajo sus pies."

(Salmos 91:13, *AMPC)*

Daniel es un buen ejemplo de alguien que permaneció preparado. Y debido a ello, los planes que sus enemigos idearon para matarlo fracasaron. Daniel era contemporáneo de Sadrac, Mesac y Abed-nego, y como tal, era miembro de la corte real de Babilonia. De hecho, Daniel era uno de los tres jefes principales del imperio, el segundo en el reino, y precedido solamente por el rey.

Daniel tenía tanta influencia que los otros

jefes y príncipes lo envidiaban tanto por su cargo que llegaron al extremo de tramar una forma de derrocarlo. Sin embargo, en la Biblia se narra que sin importar lo mucho que lo intentaron: «...no podían hallar ocasión alguna o falta, porque él era fiel...» (Daniel 6:4).

Daniel era una persona fiel. Era fiel en su servicio hacia el rey y hacia Dios. Por esa razón, los oficiales que pretendían que Daniel fuera despedido comprendieron que la única manera de lograr su objetivo era obligándolo a escoger entre Dios y el rey.

Entonces así lo hicieron. Le sugirieron al rey que decretara una ley en la cual se estableciera que podían realizar peticiones (oraciones) durante 30 días sólo a él y a nadie más. Quien quebrantara esa ley sería echado en el foso de los leones.

La sugerencia de aquellos hombres elevó el amor propio del rey, por lo que él firmó la ley al instante, sin considerar lo que eso representaría para su administrador de confianza, Daniel:

«Cuando Daniel supo que el edicto había sido firmado, entró en su casa, y abiertas las ventanas de su cámara que daban hacia Jerusalén, se arrodillaba tres veces al día, y oraba y daba gracias delante de su Dios, como lo solía hacer antes» (Daniel 6:10).

Daniel se enteró de la nueva ley dada por el rey. Pero no podía deshonrar sus convicciones. Ni siquiera decidió modificar su forma de orar y hacerlo en silencio. Él simplemente siguió orando tal y como siempre lo había hecho.

Cuando los demás le reportaron al rey lo que Daniel hacía, el rey se entristeció. Él confiaba en Daniel, lo respetaba y no quería lanzarlo al foso de los leones; sin embargo, había caído en la trampa que sus oficiales le habían tendido. Se había acorralado con su propio decreto, y no podía cambiar de opinión. Entonces «...el rey mandó, y trajeron a Daniel, y le echaron en el foso de los leones. Y el rey dijo a Daniel: El Dios tuyo, a quien tú continuamente sirves, él te libre» (Daniel 6:16).

Preste atención a lo que el rey dijo. Él afirmó que Daniel servía a Dios *continuamente*. ¿Recuerda que ya aprendimos el significado de habitar? Quiere decir: *morar de continuo en un lugar*. ¡Daniel era alguien que sabía habitar en Dios! Pues era fiel. Era constante en buscar la presencia de Dios y estar a Su servicio; ése era el estado mental permanente de Daniel, su hábitat natural.

Veamos lo que le ocurrió a este hombre que sabía cómo habitar en Dios:

> Y fue traída una piedra y puesta sobre la puerta del foso, la cual selló el rey con su anillo... Luego el rey se fue a su palacio, y se acostó en ayuno; ni instrumentos de música fueron traídos delante de él, y se le fue el sueño. El rey, pues, se levantó muy de mañana, y fue apresuradamente al foso de los leones. Y acercándose al foso llamó a voces a Daniel con voz triste, y le dijo: Daniel, siervo del Dios viviente, el Dios

> tuyo, a quien tú continuamente sirves, ¿te ha podido librar de los leones? Entonces Daniel respondió al rey: Oh rey, vive para siempre. Mi Dios envió su ángel, el cual cerró la boca de los leones, para que no me hiciesen daño... Entonces se alegró el rey en gran manera a causa de él, y mandó sacar a Daniel del foso, y ninguna lesión se halló en él, porque había confiado en su Dios (Daniel 6:17-23).

Cuando Dios liberó a Daniel no fue porque Él lo prefiriera. Tampoco lo hizo sólo para tener una historia interesante que agregar en la Biblia. Dios liberó a Daniel porque Él *siempre* libera a quienes habitan y permanecen en fe en Él.

Usted puede confiarle su vida a Dios. Él hará por usted lo mismo que hizo por Daniel si —observe que digo: si— decide habitar en fe en Él... confiadamente, con expectativa y con una confesión que desatará el poder liberador de Dios.

AGENTES SOBRENATURALES

Al parecer algunas personas parecen creer que los ángeles ya no habitan entre nosotros; pero ¡eso no es cierto! Éstos han estado presentes en todo el Antiguo Testamento, y no han tomado vacaciones desde entonces. Puede leer Hechos 12 si prefiere un ejemplo de las actividades que ellos realizaban en el Nuevo Testamento. Allí se nos describe un tiempo peligroso en la historia de la Iglesia primitiva, en el cual Pedro había sido arrestado:

> Así que Pedro estaba custodiado en la cárcel; pero la iglesia hacía sin cesar oración a Dios por él. Y cuando Herodes le iba a sacar, aquella misma noche estaba Pedro durmiendo entre dos soldados, sujeto con dos cadenas, y los guardas delante de la puerta custodiaban la cárcel (versículos 5 y 6).

Da la impresión de que Pedro se encontraba

en un lugar de máxima seguridad, ¿verdad? Y en lo natural, no había posibilidad de escape. No obstante, el pueblo de Dios estaba orando y creyendo que Dios protegería a Pedro:

> Y he aquí que se presentó un ángel del Señor, y una luz resplandeció en la cárcel; y tocando a Pedro en el costado, le despertó, diciendo: Levántate pronto. Y las cadenas se le cayeron de las manos (versículo 7).

Aquí hay una lección maravillosa con respecto a la protección divina. Usted podría contratar cien guardaespaldas que lo protegieran en este mundo; pero aun así, ellos estarían limitados a las realidades naturales. En cambio, cuando usted obtiene la ayuda de los ángeles, entra en relación con lo sobrenatural. El ángel que liberó a Pedro no necesitó que le dieran una copia de la llave de la prisión. Con su sola presencia, las cadenas que sujetaban a Pedro se cayeron. (Si usted lee el resto del capítulo, notará que a Pedro le fue más fácil salir de la prisión que entrar a la reunión de oración).

Deseo resaltar un detalle de esta situación: Pedro no estaba despierto quejándose y lamentándose porque iba a ser ejecutado, sino que él estaba profundamente dormido. De hecho, se encontraba tan dormido que el ángel se vio obligado a despertarlo con un golpe:

> Le dijo el ángel: Cíñete, y átate las sandalias. Y lo hizo así. Y le dijo: Envuélvete en tu manto, y sígueme. Y saliendo, le seguía; pero no sabía que era verdad lo que hacía el ángel, sino que pensaba que veía una visión. Habiendo pasado la primera y la segunda guardia, llegaron a la puerta de hierro que daba a la ciudad, la cual se les abrió por sí misma; y salidos, pasaron una calle, y luego el ángel se apartó de él (versículos 8 y 10).

El ángel de Dios sacó a Pedro de la prisión.

No tuvo problemas con la guardia, las cadenas, las llaves o los portones de la ciudad... él simplemente despertó a Pedro, lo levantó y lo envió a su casa.

Yo podría contarle historia tras historia sobre cómo los ángeles han intervenido para alterar, en forma radical, el final de cada una de esas historias; tanto en los tiempos bíblicos como en nuestra época. Hace algún tiempo, por ejemplo, uno de los empleados de nuestro ministerio iba a su trabajo en su motocicleta, cuando de pronto, un camión muy grande se atravesó en la carretera justo frente a él. Sucedió tan rápido que no tuvo tiempo de hacer nada. No hubo tiempo para pensar ni para hablar —no hubo tiempo—.

Muchas veces así ocurre. De repente, sin advertencia alguna, los problemas sorprenden a las personas. No les avisan con anticipación para darles la oportunidad de ayunar y orar. Por esa razón, usted debe estar preparado siempre. Debe vivir cada día confiando en Dios y diciéndole de continuo: *El Señor es mi refugio y mi fortaleza;* pues en los momentos de crisis no habrá tiempo para decirlo.

Así es como le ocurrió al conductor de la motocicleta, quien de pronto se encontró con un vehículo de carga frente a sus ojos.

Eso era lo último que él recordaba. Sólo había visto venir el vehículo, y de pronto, su mente se quedó en blanco. Lo último que recuerda era que estaba caminando a orillas de la carretera. A unos metros de distancia, su motocicleta permanecía debajo de aquel medio de transporte.

Una joven que estaba manejando justo detrás de él, observó todo lo ocurrido. Ella aseguró que cuando la motocicleta se deslizó bajo el camión, el motociclista fue lanzado a una considerable distancia, dio un giro y cayó sobre sus pies junto a una cerca en las proximidades del lugar. Sólo le quedó un rasguño en el brazo.

Para mí, lo único que pudo librarlo fue la intervención de los ángeles. Ahora bien, lo interesante es lo siguiente: este hombre estaba preparado. Pues, en ese momento, él no tuvo tiempo de tomar su Biblia y repasar el Salmo 91. Simplemente, estaba preparado.

Así es como debe ser. No debemos esperar hasta el momento en que ocurra un desastre para comenzar a memorizar versículos. Usted necesita empezar a confesar el Salmo 91, *ahora.* Debe permanecer preparado.

CAPÍTULO 9

EL TESTIMONIO INTERNO

"Porque han puesto su amor en Mí, Yo los libraré; los exaltaré, porque conocen Mi nombre y su significado [tienen un conocimiento personal de Mi misericordia, amor y bondad; confían y dependen de Mí, sabiendo que nunca los abandonaré, jamás]. Ellos clamarán a Mí, y Yo les responderé; estaré con ellos para ayudarles con sus problemas, los libraré y los honraré. Los satisfaré con larga vida y les mostraré Mi salvación."

(Salmos 91:14-16, *AMPC)*

Una vez que usted comienza a dar pasos de fe, confiando en que Dios lo protegerá y defenderá en cada situación, algo ocurrirá, algo que quizá nunca antes había percibido: empezará a escuchar las instrucciones del Espíritu Santo.

Algunas veces esas instrucciones no sonarán tan espirituales. Por ejemplo, usted podría acercarse a la puerta con el fin de dirigirse a la abarrotería, y de repente, de su interior surge una advertencia: "No te vayas por el camino de siempre, toma una ruta distinta. Vete por aquí". O, "No vayas a esa tienda, ve a la otra".

¿Por qué diría Dios algo semejante? Quizá porque Él sabe que el establecimiento que usted visita con regularidad sufrirá un robo, lo cual lo pondría en serio peligro. Ese pensamiento, impresión o impulso que ha recibido es el testimonio interno. Es el Espíritu Santo hablándole a su espíritu, brindándole protección.

¿Recuerda el terremoto devastador que sacudió a la ciudad de San Francisco en 1990? Una amiga íntima, Billye Brim, me contó lo que le ocurrió a un amigo de ella, cuyo hijo estaba trabajando en esa ciudad.

Esa tarde, él estaba en su oficina, como de

costumbre, cuando tuvo el pensamiento de que debía salir temprano de la oficina y marcharse a su casa en Oakland. En el estadio cercano se realizaba un juego de la serie mundial y no deseaba quedar atrapado por el tráfico de la autopista cuando todo finalizara; lo cual parecía un razonamiento muy natural.

Ese día, él obedeció ese aviso y salió temprano de su lugar de trabajo. De no haberlo hecho, habría estado en la autopista que se derrumbó a causa del terremoto. En la Biblia se nos enseña que Dios nos habla con una voz apacible, suave; Él no nos grita Sus instrucciones; sino que nos proporciona pensamientos, impresiones y avisos amables, a los cuales debemos aprender a ser sensibles.

Usted también debe ser dócil y estar preparado para cambiar de planes cuando de su espíritu provenga una instrucción que parezca buena; la cual podría salvarle la vida.

¿Cómo ser consciente del testimonio

interno? No ocurre de forma automática. Pues es el fruto de pasar tiempo con Dios. Es el resultado de escuchar en fe, con la expectativa de que Dios lo guiará.

Usted debe aprender a escuchar. Quizá Dios le diga que no tome la ruta normal hacia su casa, con el fin de librarle de un accidente de tráfico. Quizá Él le diga que no se suba al avión en el horario previsto. He escuchado de varios casos de personas cuya impresión fue la de no abordar un determinado avión; y en efecto, ese aeroplano se estrelló. Yo también he tenido ese pensamiento antes de abordar un avión, y lo he percibido como si se tratara de un pensamiento muy natural. Cuando usted se esfuerza por seguir a Dios momento a momento, día tras día; usted notará la diferencia.

Mientras tratamos este tema en relación a ser sensibles al Espíritu, Kenneth y yo tomamos autoridad en cada avión comercial que abordamos. Mientras nos acercamos al avión, confesamos lo siguiente: «Ejercemos autoridad sobre este aeroplano en el nombre de Jesús. Satanás, atamos tu poder en el nombre de Jesús. No tocarás el equipo, la tripulación o los pasajeros de ninguna manera. Espíritus ministradores (ángeles) vayan delante de nosotros y limpien nuestro camino en el nombre de Jesús».

Por lo general, oramos uno o dos días antes, a fin de que el Señor prepare la tripulación, el equipo y los pasajeros; y luego creemos que tendremos un viaje libre de problemas, sin demoras o mal clima.

No importa qué tan simple pueda parecer una instrucción dada por Dios, préstele atención. Sea pronto para escuchar. La obra del Espíritu Santo es advertirle de las cosas por venir, y ministrarle gracia y favor cada día. ¡Aprenda a escucharlo!

LLEVARÁ TIEMPO

No es mi intención asustarlo, pero sí deseo ser sincera con usted. En los días que se aproximan, usted será testigo de una gran cantidad de problemas que ocurrirán a su alrededor. Las cosas aquí en la Tierra empeorarán, así como ocurrió en los tiempos de Noé; ya que la oscuridad será más densa (y la luz también brillará con mayor esplendor).

Jesús mismo comparó estos tiempos finales con aquella generación. Él dijo:

> Mas como en los días de Noé, así será la venida del Hijo del Hombre. Porque como en los días antes del diluvio estaban comiendo y bebiendo, casándose y dando en casamiento, hasta el día en que Noé entró en el arca, y no entendieron hasta que vino el diluvio y se los llevó a todos... (Mateo 24:37-39).

Hay una lección que debemos aprender de Noé: *No espere que los problemas azoten para empezar a construir su arca, pues le pesará no haberla terminado a tiempo.*

A Noé le llevó muchos, muchos años hacer

el arca. ¡Sólo imagíneselo! Estando allí fuera, en medio de la nada, construyendo este gran barco sin una sola señal de agua. ¿No le parece que sus vecinos se rieron de él? Después de todo, nunca habían visto llover.

Quizá lo trataron como: "¡Noé, el viejo loco!". A lo mejor dijeron: "Ese trastornado anciano y sus hijos hablan de que Dios los librará del diluvio que está por venir. ¡No saben lo que dicen!".

Como bien sabe, las personas se burlaron de Noé y de su familia todos esos años. Y en las Escrituras se nos dice que no supieron ni entendieron hasta que el día del diluvio llegó y los aniquiló; la densa oscuridad cayó sobre ellos y murieron ahogados. Pero ¡LEJOS DE AHOGARSE, NOÉ ESTABA EN EL ARCA SIN SIQUIERA MOJARSE! Él supo exactamente lo que Dios se disponía a hacer y se preparó.

Este día, le digo a usted lo mismo que Dios

le dijo a Noé: "Se acerca un diluvio. ¡Hágase un arca!". Constrúyala con el Salmo 91. Prepárela con los versículos que aseguran su liberación. Edifíquela habitando en el Dios todopoderoso. Constrúyala mediante palabras, confesando: *Diré yo a Jehová: [mi refugio] esperanza mía y castillo mío; mi Dios, en quien confiaré.*

No espere hasta que el diluvio llegue y lo extermine. Empiece ahora mismo. Medite la promesa de liberación que ofrece la Palabra de Dios. Léala. Estúdiela cada día hasta que se arraigue en lo profundo de su ser y salga a flote a la primera señal de peligro. Lleve consigo este pequeño libro, deje que esta verdad inunde su corazón y lo convierta en el portador de esta promesa.

Lejos de ahogarse, prefiera un arca para ni siquiera mojarse. ¡Hágase hoy mismo un arca!

Oración para recibir salvación y el bautismo del Espíritu Santo

Padre celestial, vengo a Ti en el nombre de Jesús. Tu Palabra dice: «Y todo el que invoque el nombre del Señor será salvo» (Hechos 2:21). Estoy invocándote. Oro y te pido Jesús, que vengas a mi corazón y seas el Señor de mi vida de acuerdo con Romanos 10:9–10: «Si confiesas con tu boca que Jesús es el Señor, y crees en tu corazón que Dios lo levantó de los muertos, serás salvo. Porque con el corazón se cree para alcanzar la justicia, pero con la boca se confiesa para alcanzar la salvación». Yo confieso ahora que Jesús es el Señor, y creo en mi corazón que Dios le resucitó de entre los muertos. Me arrepiento del pecado. Renuncio al pecado. Renuncio a al diablo y a todo lo que él representa. Jesús es mi SEÑOR.

¡Ahora he nacido de nuevo! ¡Soy cristiano, hijo del Dios todopoderoso! ¡Soy salvo! Señor, también dices en Tu Palabra: «Pues si ustedes, que son malos, saben dar cosas buenas a sus hijos, ¿cuánto más el Padre celestial dará el Espíritu Santo a quienes se lo pidan?» (Lucas 11:13). Entonces, te pido que me llenes con Tu Espíritu. Santo Espíritu, crece dentro de mí a medida que alabo a Dios. Me mantengo a la expectativa de hablar en otras lenguas, según Tú me concedas expresar

(Hechos 2:4). En el nombre de Jesús, ¡Amén!

Comienza a alabar a Dios en este instante por llenarte con el Espíritu Santo. Pronuncia esas palabras y sílabas que recibes; no hables en tu idioma, sino en el lenguaje que el Espíritu Santo te esté dando. Debes usar tu propia voz, ya que Dios no te forzará a hablar. No te preocupes por cómo suena, pues ¡son lenguas celestiales!

Continúa con la bendición que Dios te ha dado, y ora en el espíritu cada día.

Ahora que eres un creyente renacido y lleno del Espíritu Santo. ¡nunca más serás el mismo!

Busca una iglesia donde se predique la Palabra de Dios con valentía y en obediencia. Busca conectarte con una iglesia que te ame y te cuide, y haz lo mismo por ellos.

Necesitamos estar conectados entre nosotros; al hacerlo aumentamos nuestra fuerza en Dios. Es el plan de Dios para la iglesia.

No dejes de sintonizar nuestro programa *La Voz de Victoria del Creyente,* disponible en varias estaciones de TV y en la internet. Vuélvete un hacedor de la Palabra. Serás bendecido al ponerla en práctica (lee Santiago 1:22–25).

Acerca de la autora

Gloria Copeland es una destacada autora y ministra del evangelio, cuya misión de enseñanza es conocida a nivel mundial. Los creyentes de todas partes del planeta la conocen por medio de las convenciones de creyentes, las campañas de victoria, artículos de revistas, audios y videos de enseñanzas, y a través del programa de televisión *La voz de victoria del creyente* que se transmite de lunes a viernes y los domingos. Ella presenta el programa junto a su esposo Kenneth Copeland. Gloria es conocida también por La escuela de sanidad que inició en 1979 en las reuniones de KCM. Enseñando así cada año la Palabra de Dios a millones de personas, y compartiendo las claves de una vida cristiana victoriosa.

Gloria es la autora del libro *God's Master Plan for Your Life,* el cual es el *best seller* del *New York Times,* así como también de numerosos libros entre los cuales se incluyen: *God's Will for You [La voluntad de Dios para usted], Walk With God, God's Will Is Prosperity [La voluntad de Dios es la prosperidad], Hidden Treasures* y *To Know Him.* Ella y su esposo han sido coautores de diversos materiales entre los que figuran: *Family Promises [Promesas para la familia], Healing Promises [Promesas de sanidad]* y el best seller devocional diario *From Faith to Faith [Crezcamos de fe en fe: Una guía diaria para la victoria]* y *Pursuit of His Presence [En búsqueda de Su presencia].*

Gloria tiene un doctorado honorífico de *Oral Roberts University.* En 1994, recibió la distinción de *Mujer cristiana del año,* un reconocimiento que se otorga a mujeres cuyo ejemplo de liderazgo cristiano es excepcional. También es cofundadora y vicepresidenta de los Ministerios Kenneth Copeland de Fort Worth, Texas.

Material que le ayudará a recibir su sanidad por Gloria Copeland

Libros

Y Jesús sanaba a todos
La prescripción de Dios para la salud divina
La voluntad de Dios para su salud
Cosecha de salud

VICTORIA
Haga
LO QUE SEA

¡Estamos aquí para usted!®

Su crecimiento en la PALABRA de Dios y su victoria en Jesús son el centro mismo de nuestro corazón. Y en cada área en que Dios nos ha equipado, le ayudaremos a enfrentar las circunstancias que está atravesando para que pueda ser el victorioso vencedor que Él planeó que usted sea.

La misión de los Ministerios Kenneth Copeland, es que todos nosotros crezcamos y avancemos juntos. Nuestra oración es que usted reciba el beneficio completo de todo lo que el SEÑOR nos ha dado para compartirle.

Dondequiera que se encuentre, puede mirar el programa La voz de victoria del creyente por televisión (revise su programación local) y por la Internet visitando kcm.org.

Nuestro sitio web: es.kcm.org, le brinda acceso a todos los recursos que hemos desarrollado para su victoria. Y, puede hallar información para comunicarse con nuestras oficinas internacionales en África, Australia, Canadá, Europa, Ucrania, y con nuestras oficinas centrales en Estados Unidos de América.

Cada oficina cuenta con un personal dedicado, preparado para servirle y para orar por usted. Puede comunicarse con una oficina a nivel mundial más cercana a usted para recibir asistencia, y puede llamarnos para pedir oración a nuestro número en Estados Unidos, 1-817-852-6000, de lunes a viernes.

Le animamos a que se comunique con nosotros a menudo y ¡nos permita formar parte de su andar de fe de cada día!

¡Jesús es el SEÑOR!

Kenneth y Gloria Copeland

CPSIA information can be obtained
at www.ICGtesting.com
Printed in the USA
JSHW021955050622
26649JS00004B/15

9 781575 628998